Abbaye Saint-Martin de Mondaye

texte Communauté des Prémontrés
photographies Eric Pouhier

En couverture. Récréation devant la façade Est.

En 4e de couverture. Le cloître baigné de lumière.

1\. Depuis le buffet de l'orgue, la longue nef de l'abbatiale.

Editions OUEST-FRANCE

2.

Histoire de l'ordre de Prémontré

L'ordre norbertin est né au début de ce XIIe siècle qui vit fleurir les ordres nouveaux (Chartreux, Camaldules, Cisterciens, Templiers…). L'Eglise médiévale cherchait alors à retrouver sa liberté, compromise dans le système féodal. Il lui fallait encourager la vie de prêtres aux mœurs irréprochables et à la ferveur toute monastique. Ce fut l'objectif des Prémontrés, à qui Norbert donna la règle de saint Augustin, créant ainsi des chanoines « réguliers », attachés par un vœu de stabilité à l'église de leur monastère, et destinés en même temps à la vie apostolique. L'Ordre, voué au service du prochain (paroisses, hôtelleries, prédications, aumôneries), avait des observances sévères, silence, jeûne perpétuel, et la liturgie très soignée.

1.

Norbert

Né en 1080 à Xanten, près de Cologne, ce jeune et riche seigneur allemand, chanoine de la chapelle impériale, était promis à une grande carrière. Saisi par le Christ, il devient prédicateur itinérant, pauvre, passionné de l'Evangile. Il se fixe avec quelques compagnons à Prémontré en 1120. Bientôt, il quitte ses frères pour être archevêque de Magdebourg (Saxe), il meurt en 1136.

1.
Une abbaye au cœur de la campagne du Calvados.

2.
Armes de l'Ordre : D'azur semé de fleurs de lys d'or aux crosses abbatiales du même passées en sautoir.

3.
Saint Augustin remettant sa règle à saint Norbert.
XVIIe siècle Bibliothèque de Mondaye.

4.
Chapitre général de l'Ordre en 2007.
Archives de Mondaye.

5.
Abbaye de Prémontré (XVIIIe).
Archives de Mondaye.

4.

3.

A l'apogée du XIIIe siècle, l'Ordre a possédé plus de six cents maisons (d'hommes et de femmes), de l'Ecosse à l'Italie, de la Bretagne à la Terre sainte. Il est alors divisé en « circaries » (provinces) et un chapitre général annuel rassemble les pères abbés de toutes les maisons, afin de préserver l'unité de la famille religieuse.

En France, jusqu'à la Révolution, l'Ordre a compté une centaine d'abbayes – surtout dans le nord et l'est du pays – qui desservaient près d'un millier de paroisses.

L'Ordre aujourd'hui

Restauré après la Révolution, l'ordre de Prémontré a participé au XIXe siècle à l'effort missionnaire de l'Eglise, et il compte aujourd'hui quelque mille cinq cents religieux (dont plusieurs maisons féminines) dans les cinq continents. Des fondations nouvelles (Californie, Amérique du Sud, Inde, etc.) donnent de grands espoirs.

Prémontré

Tout près de Laon (Aisne), la vallée de Prémontré (*pratum monstratum*, terrain découvert) a été le berceau familial des norbertins et l'abbaye chef-d'Ordre, où vivait l'abbé général, jusqu'à la Révolution. Les bâtiments actuels datent du XVIIIe siècle et abritent un hôpital psychiatrique. La maison généralice de l'Ordre est à Rome.

5.

1.
Frère Eustache Restout, autoportrait.

2.
L'abbaye de La Lucerne.

3.
Vue de l'intérieur de l'abbaye de Mondaye par George Bouet.
Collection du Musée des Beaux Arts et de la Dentelle d'Alençon.

4.
Projet de reconstruction au XIXe siècle.
Archives de Mondaye

5.
Dédicace de l'abbatiale le 8 octobre 1934.
Archives de Mondaye

3.

1.

2.

Les Prémontrés en Normandie : l'abbaye de Mondaye

Au milieu du XIIe siècle, un ermite nommé Turstin vivait sur cette colline au cœur du Bessin, avec quelques disciples. Vers 1202, grâce à l'évêque de Lisieux Jourdain du Hommet, une petite colonie de religieux de l'abbaye de la Lucerne d'Outre-Mer (Avranches), s'implante sur le mont d'Aë, que le latin des chartes de l'époque a tôt fait de transformer en *Mons Dei* (mont de Dieu). Dès 1210, le chapitre général de Prémontré agrège cette maison à l'ordre de saint Norbert.

Durant tout le Moyen Age, l'abbaye reste une maison modeste. Après la prospérité relative du XIIIe siècle, le monastère partage l'insécurité des Normands pendant la guerre de Cent Ans puis les guerres de Religion. Dès 1570, l'abbaye est remise en état et restaurée au mieux. Mondaye connaît alors une période d'épanouissement spirituel.

La réforme de Lorraine

En 1634, les frères de Mondaye, désireux de ferveur et de régularité, demandent leur agrégation à la branche réformée de l'Ordre, née en Lorraine sous l'impulsion de Servais de Lairuelz : c'est un retour courageux aux observances sévères de l'époque de saint Norbert.

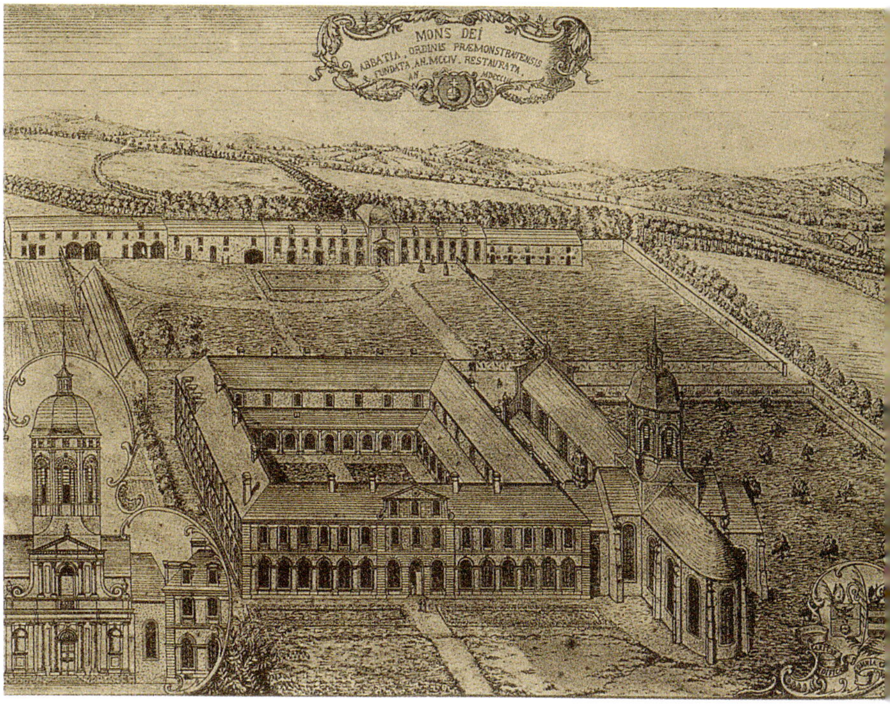

4.

Au début du XVIIIe siècle, les abbés réguliers, nommés par le roi, bien secondés par le talent artistique du prieur Eustache Restout, entreprennent les travaux de reconstruction de l'abbatiale et des bâtiments conventuels. A la mort de l'abbé Reusse, en 1763, l'abbaye retourne, jusqu'à la Révolution, sous le régime de la commende. Elle est gouvernée par des prieurs claustraux.

En 1791, les religieux quittent leur abbaye. L'église devient paroissiale, le monastère vide est un temps un collège (1802-1812), puis le refuge de religieuses trappistines, conduites par Madame de Chateaubriand (1815-1845). En 1858, quatre religieux belges venus de l'abbaye de Grimberghen (Bruxelles) y reprennent la vie norbertine. A peine les religieux commencent-ils à poursuivre la construction du monastère – ailes nord et sud – que les lois républicaines les expulsent une première fois en 1880.

5.

Bois-Seigneur-Isaac

Rentrés discrètement en 1894, les frères doivent, en 1903, s'exiler à nouveau. La communauté trouve refuge en Belgique, à Bois-Seigneur-Isaac, un ancien monastère d'Augustins. Ce n'est qu'en 1921, sous l'abbatiat du père Exupère Auvray, que les frères peuvent revenir à Mondaye.

1.

Les dimensions de l'église abbatiale (intérieur)

Longueur : 58 m.
Hauteur sous voûte : 15 m.
Largeur de la nef centrale : 7,25 m.

Quelques dates

1706 : pose de la première pierre de l'église abbatiale.
1717 : pose de la croix sur la façade de l'église.
1725 : pose du maître-autel par le sculpteur bayeusain Mangin.
1740-1741 : grand-orgue Parisot.
1742 : consécration des autels des bas-côtés.
1745 : groupe en terre cuite de l'Assomption de la Vierge.
1934 : dédicace de l'église abbatiale.
2004 : inauguration de l'orgue restauré.

1.
Façade de l'église typiquement « jésuite ».

2.
L'eucharistie est célébrée chaque jour sur le maître-autel.

3.
« Tout, jusqu'aux moindres détails, s'y rapporte à une pensée unique. Voyez ce dôme, ce Christ, ces statues, ces tableaux, tout cela est un. C'est le sacrifice du Calvaire prédit par les prophètes, annoncé au monde par les évangélistes, continué et perpétué par l'immolation eucharistique. Le maître-autel, placé au milieu de l'église, est le centre de cette grande épopée. De l'autel, l'adorable Victime, le Christ mort sur la croix, et glorieux aujourd'hui dans les splendeurs de son triomphe, s'offre au Père éternel. »
R.P. Godefroid Madelaine, prieur de Mondaye au XIXe siècle, dans son *Essai historique sur l'abbaye de Mondaye* (Caen, 1874, p. 298).

Une église conventuelle

La façade de l'église abbatiale est inspirée de l'église des jésuites de Caen : Notre-Dame de la Gloriette.

Derrière une façade de style jésuite, le peintre-architecte et chanoine prémontré Eustache Restout a édifié une église en forme de croix, traditionnelle dans sa conception et moderne en son décor.

De l'église gothique des premiers temps, il ne reste rien, sinon des fondations et une Vierge au sourire du XVe siècle. Pourtant, les voûtes gothiques de la nef et du chœur, la tour centrale, à la croisée du transept, sont un héritage du Moyen Age. Le résultat est harmonieux, lumineux. L'élévation des voûtes, les grandes baies de la nef et des transepts, les fenêtres du chœur, laissent passer généreusement la lumière, et les rayons du soleil révèlent tout au long du jour un jeu étonnant de lignes, de formes et de couleurs : les courbes des six arcades et les cercles des piliers de la nef, les deux coupoles ornées de fresques, le bel espace du chœur rehaussé de lambris, l'arrondi du sanctuaire et l'autel entourés d'une grille en fer forgé, l'élévation de la nef et le bel équilibre de la tribune et du buffet d'orgue ; les ors et les couleurs des marbres peints, le chêne des boiseries, la pierre de Caen, les fresques et les tableaux de l'atelier Restout... il y a toujours quelque détail à découvrir.

A Mondaye, architecture, peintures, boiseries et mobilier liturgique forment un ensemble remarquable d'une rare unité de style et d'époque. La nouvelle église est bâtie en dix ans, puis ornée de ses stalles, du maître-autel, du grand-orgue, des statues et des tableaux. Devenue église paroissiale, l'abbatiale échappe au vandalisme révolutionnaire.

Le visiteur d'aujourd'hui ne peut que s'étonner devant cette église canoniale édifiée dans l'esprit du Grand Siècle, entièrement dédiée à la louange divine et à la prière de l'Eglise. Tous les regards convergent vers le chœur et s'élèvent vers le Christ en croix. Tournés vers le Seigneur, partageant sa douleur, la Vierge Marie et Jean, le disciple bien-aimé, invitent au recueillement. Les anges aux pieds du Christ vainqueur, messagers de la résurrection, annoncent la nouvelle et brandissent un parchemin : *Deletum est chirographum – Il a effacé la cédule de notre dette.* Oui, toute l'Ecriture en témoigne, *Il nous a fait revivre avec lui ! Il nous a pardonné toutes nos fautes* ! (cf. saint Paul aux Colossiens, 2,13-14).

2.

A la croisée du transept sous la coupole, au milieu du sanctuaire, l'autel se tient isolé, « à la romaine », légèrement surélevé entre la nef et les stalles, brillant de ses ornements dorés et remarquable par ses images peintes. Sur le devant d'autel, en effet, a été placé l'ensevelissement du Christ : la mort du juste innocent est source de vie.

L'eucharistie, célébrée chaque jour sur cet autel, face à la croix de l'abside, n'est-elle pas mémoire du sacrifice du Christ, et source de vie et d'espérance pour tous ceux qui lèveront les yeux de la foi vers le Crucifié-Ressuscité ?

A la verticale de l'autel, sur la coupole, et autour du sanctuaire sur les piliers, des dizaines d'anges peints ou sculptés font vivre un ensemble de fresques, de statues, de médaillons et de boiseries. Ils habitent la Maison de Dieu, ils sont le ciel sur la terre, ils chantent un chant nouveau pour le Seigneur.

Chaque tableau témoigne du Christ présent dans les Ecritures, de Moïse aux prophètes, jusqu'au repas d'Emmaüs où les *disciples le reconnurent à la fraction du pain.*

La fresque de la coupole illustre le chant d'action de grâce de la liturgie : autour de l'autel céleste, la Nouvelle Alliance a pris le pas sur l'Ancienne. Les anges et les instruments de la loi de Moïse s'effacent

3.

devant le Christ en gloire. Un ange enflammé du feu de l'Esprit-charité introduit le culte nouveau en Esprit et en Vérité.

La Parole de Dieu est proclamée silencieusement. C'est l'éloquence sacrée de Restout, inspirée des grands maîtres de l'époque, riche d'une véritable pensée théologique. Parmi les huit médaillons placés autour de l'autel, le « Serpent d'airain » est imité de Charles Le Brun, « Le Frappement du rocher » et « Les Israëlites dans le désert (la Manne) » sont empruntés à Nicolas Poussin, « Le grand-prêtre dans le Temple » est inspiré d'Antoine Coypel. Ce sont des « figures » annonçant l'eucharistie : sept scènes sont tirées de l'Ancien Testament. La huitième est en saint Luc, ch. 24 – le Repas d'Emmaüs. C'est la clé : tout est dit à l'autel, où l'Eglise célèbre le repas du Seigneur selon son commandement : « Vous ferez cela en mémoire de moi. »

Quant aux saints protecteurs de l'église et du monastère, ils ne disent pas autre chose : ils cèdent la place d'honneur au mystère du Christ. À l'arrière de l'autel, Saint Martin est représenté célébrant la messe. Sainte Anne, saint Joseph ont chacun leur autel et leur tableau inspiré de Jouvenet ou Carlo Maratta. Tout comme les pères fondateurs, saint Augustin et saint Norbert, ou l'apôtre saint André, patron de la paroisse.

2.

1.

1.
La coupole au-dessus du maître-autel, par Fr. Eustache Restout d'après Le Brun.

2.
Alors leurs yeux s'ouvrirent et ils le reconnurent. Lc 24,31.

3.
Grand orgue Parisot, buffet de Melchior Verly. XVIIIe siècle.

4.
Selon la composition d'origine, l'instrument comprend au positif 11 jeux et au grand orgue 15 jeux.

5.
Du chœur des anges au chœur des frères.

3.

4.

5.

Des orgues qui chantent la gloire de Dieu

L'orgue de Mondaye (1740) est l'œuvre du facteur d'orgue lorrain Parisot. Deux colonnes monolithes corinthiennes en pierre blanche soutiennent le buffet de chêne ouvragé du sculpteur flamand Melchior Verly. C'est sans conteste l'un des plus beaux buffets du XVIIIe siècle français, d'une élégance exceptionnelle, d'un remarquable équilibre : un grand corps à cinq tourelles et un positif à trois tourelles, surmontés d'anges musiciens, de guirlandes de fleurs, de pots à feu, dans un style rocaille orné et exubérant. On y contemple la joie baroque d'un concert à cinq anges musiciens, jouant trompettes et cromorne, violon, harpe, tambour, triangle, cymbales, serpent, sous la baguette de l'ange chef d'orchestre.

Mais au milieu se tient le chœur des chanoines : un chant incarné dans le temps et l'espace, soutenu par les jeux d'orgue. Du silence de Mondaye – *Mons Dei*, « mont de Dieu » –, le *sacrificium laudis*, « sacrifice de louange », est offert chaque jour – *laus perennis*, dans l'attente du Royaume.

Au XVIIIe siècle, l'orgue « chantait » l'office en alternance ou en remplacement du chant du chœur. Aujourd'hui, l'orgue accompagne le chant des fidèles, entre en dialogue avec la Parole proclamée. Il introduit au mystère célébré et élève les esprits par la beauté et l'harmonie des voix.

Musique et liturgie, orgue et chants à Mondaye suscitent dans le cœur des auditeurs comme un appel à goûter la gratuité de l'art et de la prière. La foi naît de l'écoute et des mouvements intérieurs que favorise la beauté de la liturgie. A l'unisson du chant des anges et des tuyaux de l'orgue, l'homme religieux est appelé à vivre de l'intérieur cette liturgie à la fois terrestre et céleste, où se joue la rencontre entre la « gloire » de Dieu et l'homme vivant.

Un lieu où il fait bon vivre

Le grand escalier

Lorsque l'on quitte l'église abbatiale, par exemple à la fin d'une messe, pour se rendre à la sacristie la communauté passe par une immense porte – percée dans le transept sud – sur laquelle a été joliment calligraphié en lettres romanes : « CLOTVRE ». Les frères pénètrent alors dans leurs bâtiments conventuels et notre premier regard est attiré par cet escalier monumental. Grand escalier à double volée qui mène vers le *dormitorium* et la bibliothèque, avec sa rampe de fer forgé. Son classicisme très sobre prélude à ce que nous trouverons dans la suite de la construction : un sommet de l'art monastique français. Dans notre vocabulaire, on parle de « l'escalier des matines », que les frères empruntaient chaque matin pour se rendre à l'église à une heure où le jour n'avait pas encore pointé son aurore, mais déjà la communauté chantait les louanges de Dieu.

Le dormitorium

A l'époque médiévale, il existait dans les monastères un dortoir pour les convers et un autre pour les moines. Très rapidement, notamment à partir du XVe siècle, ils seront divisés et cloisonnés par des rideaux, chaque frère ayant alors un « box ». Cependant, lors des reconstructions, notamment au XVIIe et au XVIIIe, le dortoir commun laisse la place à des cellules individuelles. Chaque frère possède sa propre cellule dans laquelle il se livre aussi à son travail intellectuel, c'est pourquoi nous ne trouverons pas de *scriptorium* au sein des bâtiments. Par excellence, la cellule est le lieu du repos et de la prière personnelle avec Dieu. Lieu tout à fait nécessaire où chacun se retrouve avec soi-même au milieu d'une vie communautaire et apostolique souvent intense.

1.

1.
Escalier des matines.

2.
Dernière touche avant l'entrée solennelle dans l'abbatiale.

3.
Evangéliaire.

2.

3.

La sacristie

Cette pièce est essentielle à la vie de notre maison. L'ensemble est couvert de boiseries et d'un mobilier exceptionnel, notamment un chapier à tiroirs demi-circulaires pivotant sur un axe. Autrefois, les vêtements façonnés dans des tissus souvent épais étaient brodés de fils d'or et d'argent et pesaient donc fort lourd. Une conservation verticale ne pouvait que les endommager, le chapier offrait la possibilité de les conserver à plat. Tiroirs et armoires recèlent de beaux vêtements pour la liturgie : chasubles pour les prêtres, dalmatiques pour les diacres, chapes, étoles, et autres voiles. Toutes les couleurs liturgiques sont présentes : le vert, le rouge, le blanc, le violet mais aussi le rose pour les deux dimanches de *Laetare et Gaudete,* jours de joie au milieu du carême et de l'avent. C'est aussi à la sacristie que sont précieusement rangés tous les objets nécessaires pour la célébration des offices et de la messe (calice, patène, burettes, lavabo, bénitiers, lectionnaires, évangéliaires…). Juste avant les célébrations, la communauté vient s'y habiller. Elle termine toutes les processions par un salut de tous devant le grand Christ qui orne la paroi Sud.

1.

2.

1. 2.
La bibliothèque demeure un lieu de conservation et d'étude... Mais aussi un lieu d'échange !

3.
Les verrières à grisailles laissent pénétrer un flot de lumière.

4.
Le cloître comme un lieu de passage.

La bibliothèque

Si l'on suit la chronologie de la construction de l'abbaye, la bibliothèque est un lieu aménagé récemment puisque l'aile dans laquelle elle est logée date du XIXe siècle ! Un adage médiéval enseigne que : *claustrum sine armario, quasi castrum sine armario,* c'est-à-dire qu'un monastère sans bibliothèque est une forteresse sans armure. Quelle belle image pour signifier que les religieux étudient tout au long de leur vie ! Cependant, les livres les plus anciens – mais ils ne sont pas nombreux – datent du XVIe siècle. Les monastères médiévaux gardaient les livres dans l'*armarium* (qui nous a donné en français le mot armoire), une sorte de cavité dans un des murs du cloître. Ce n'est que plus tard que s'est répandu l'usage d'une pièce spécifique : la bibliothèque. L'ordre de Prémontré n'est pas un ordre intellectuel par destination. Cependant, les études y sont à l'honneur. Il y a plus d'un siècle, lors de notre restauration, le bibliothécaire recensait déjà dix-huit mille ouvrages ! Aujourd'hui, il en compte plus de soixante mille achetés, offerts ou hérités. Le fonds le plus important concerne les sciences religieuses, philosophie, théologie, exégèse (explication de la Bible), hagiographie (vie des saints) et histoire de l'Eglise. Heureusement Dieu n'ayant pas fait que des écrivains sérieux et théologiens, la littérature française et étrangère a droit de cité.

3.

4.

Le cloître

C'est en 1738 que la première aile du cloître est achevée, mais l'histoire de l'abbaye est ainsi faite que les bâtiments claustraux ne sont pas terminés – et par définition le cloître en raison des différentes expulsions. Toujours est-il que les immenses verrières à grisailles au nombre de vingt-neuf (dont vingt-trois restaurées ces dix dernières années) laissent pénétrer une belle lumière les soirs d'été, donnant à la pierre une couleur de miel. Le cloître dessert les pièces traditionnelles de la vie conventuelle : la salle capitulaire, la cuisine, le réfectoire, la salle de communauté. Il est le lieu d'une marche paisible en silence. L'usure et le polissage des pierres qui pavent le sol nous disent avec douceur le lent passage du temps et des frères, au bas des portes les seuils sont creusés par les pas des allées et venues. En soi le cloître est bien plus qu'un corridor purement fonctionnel. Il est un lieu d'habitation, de passage spirituel. Le cœur de l'homme est fait à son image : captant les lumières extérieures, desservant les demeures intérieures, les chambres de la mémoire intime. Il y a en tout homme un cloître.

La salle des pas perdus

Cette magnifique salle avec ses voûtes en pierre veinée de Caen et sa grande porte qui donne sur le pré Saint-Norbert ne sert à rien ! Aujourd'hui, tout au moins… Elle est en réalité un vaste vestibule qui dessert deux pièces importantes : la salle du chapitre et le réfectoire. C'est vers les usages anciens de la maison que nous devons nous tourner pour en comprendre l'utilité. Tout comme les frères entrent en procession dans l'abbatiale, de même, la communauté entrait au réfectoire. Au beau milieu de la pièce pend la corde de la cloche intérieure qui sonne à l'étage dans le couloir des cellules. Elle invite les frères au réveil, à la prière ou à la table commune, chacun étant invité à cesser ses activités personnelles pour s'engager dans une œuvre commune.

1.
La salle des pas perdus, véritable carrefour entre le cloître, le réfectoire, la salle du chapitre et le pré Saint-Norbert.

2.
La vie de la communauté est rythmée par le son de la cloche.

3.
Lumière du matin dans l'aile Est.

1.

2.

3.

La salle du chapitre

Ornée de fresques réalisées par un frère qui fut un élève de Maurice Denis (1950), cette salle dite du chapitre ou « capitulaire » tire son nom de la lecture quotidienne qu'on y fait d'un « chapitre » de la règle. La communauté s'y tient pour entendre les enseignements du père abbé, mais aussi pour les actes solennels de notre vie : la vêture d'un nouveau frère, l'annonce des grandes décisions, le lavement des pieds le Jeudi saint. C'est là encore que nous reposons et sommes veillés par nos frères lors de notre départ vers la cité céleste.

1.

1.
À table, jusqu'à la fin du repas, écoutez la lecture d'usage sans bruit et sans discussions. Règle de saint Augustin, chap. III.

2.
Café noir et tartines.

3.
« La Cène », copie d'après Nicolas Poussin.

4.
Retable de l'autel de saint Norbert.

Le réfectoire

Lieu stratégique où la communauté refait ses forces… mais un lieu dans lequel nous vivons selon une certaine liturgie. Le matin, la lumière ne cesse de jouer dans les grandes verrières à grisaille. Après la bénédiction de la table, le père abbé bénit le lecteur du jour et chacun s'installe en silence à sa place ; la même que celle que nous avons au chœur. Selon la règle notre *bouche ne doit pas être seule à prendre de la nourriture, mais notre cœur doit avoir faim de la parole de Dieu*. Aussi nous lisons d'abord et en continu un passage de l'Ecriture puis un livre (histoire, spiritualité, théologie…). C'est tous ensemble que nous lisons des centaines de pages chaque année, constituant ainsi un trésor commun de culture, de réflexion et de souvenirs… Il arrive que pour les fêtes le père abbé lève le silence, il y a alors « colloque », les frères mangent en conversant agréablement.

2.

3.

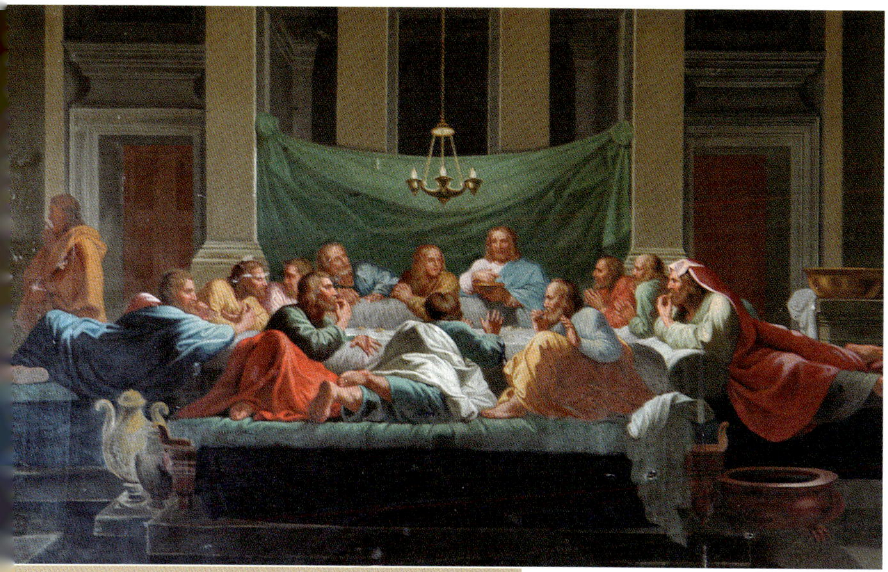

4.

La Cène

Cette immense toile de notre père Eustache Restout trône dans le fond du réfectoire au-dessus de la table abbatiale. Surprise du visiteur qui trouve Jésus et ses disciples allongés pour manger et non pas assis autour d'une belle table ornée d'une nappe blanche. Génie des artistes qui prennent leur inspiration dans le texte d'origine. Ainsi le texte grec mentionne que Jésus est allongé à table avec ses disciples et non pas assis !

Une règle pour nous aider à vivre

Voyez comment nous vivons ! Dans un sermon prononcé en 425, l'évêque saint Augustin exposait au peuple rassemblé dans son église d'Hippone le projet de vie que lui-même et sa communauté de clercs essayaient de mettre en œuvre. C'est dans ce même projet que notre communauté s'inscrit. Comme pour toutes les communautés de chanoines réguliers, la règle de saint Augustin inspire notre vie quotidienne dans ses orientations fondamentales.

C'est d'abord une insistance sur la charité fraternelle, qui doit marquer les rapports entre frères du sceau de la convivialité, de la concorde : *Comme il est bon et doux pour des frères d'habiter ensemble*, ce verset du psaume 132 traduit bien notre idéal de vie.

Un des moyens essentiels pour y parvenir est la mise en commun des biens : biens matériels certes, mais davantage partage des compétences, des talents, acceptation des différences et des infirmités, en pensant à cette règle d'or : *à chacun selon ses besoins* ! Mais, précise Augustin, *c'est dans la mesure où vous prendrez plus soin des affaires de la communauté que de vos affaires personnelles, que vous connaîtrez vos plus sensibles progrès.*

Depuis saint Norbert, les communautés prémontrées ont essayé de progresser dans la fraternité grâce à ce beau programme de vie commune qu'est la règle de saint Augustin.

1.

L'eucharistie, source et sommet de la vie prémontrée

Lorsque le soleil est au zénith, la communauté se rassemble pour la célébration de l'eucharistie. La messe est chaque jour le centre de la vie liturgique. Le dimanche, mais aussi souvent en semaine, elle rassemble autour des frères une assemblée nombreuse de fidèles : chrétiens des paroisses alentour desservies par l'abbaye, hôtes séjournant à l'abbaye, vacanciers ou visiteurs de passage.

A l'eucharistie est célébré l'événement toujours actuel de la mort et de la résurrection du Christ, qui donne sa vie par amour pour le monde. Par l'écoute de la Parole de Dieu recueillie dans les livres inspirés par l'Esprit – les Saintes Ecritures – puis par la grande prière d'action de grâce du Christ qui s'offre à son Père, les chrétiens célèbrent l'amour de Dieu. La communion au Pain de vie, Corps et Sang du Seigneur, nous unit dans une même foi et un même amour pour former ensemble un seul Corps : l'Eglise. Ainsi, chaque eucharistie construit la communauté et fait monter vers Dieu la prière du Christ et de son Eglise pour les besoins de tous les hommes, nos frères.

2.

1.
Dimanche des Rameaux.

2.
Que cet encens monte vers le ciel comme la prière qui monte de nos cœurs.

3.
Chant de la liturgie des heures

4.
Bien tard je t'ai aimée, ô beauté si ancienne et si nouvelle, bien tard je t'ai aimée ! Et voici que tu étais au-dedans.
Saint Augustin,
« Les Confessions »,
chapitre X, 27, 38.

La liturgie des heures

Centrée sur l'eucharistie, la prière de la communauté s'étend à toute la journée grâce à la liturgie des heures. Elle comprend principalement l'office des laudes (louange du matin) l'office du milieu du jour avant de reprendre le travail, les vêpres, prière avec le Christ, au soir de la journée et les vigiles, au commencement de la nuit.

Les psaumes

Il y en a cent cinquante. Ils constituent la base de la liturgie des heures. Ces prières en forme de poème sont très anciennes (jusqu'à mille ans avant Jésus-Christ) et nourrissent la prière des juifs et des chrétiens, par des paroles de louange et de détresse, de peine et de joie. Le Christ lui-même a prié avec les psaumes. Les chrétiens y reconnaissent des textes qui parlent de Lui.

« Chanter, c'est prier deux fois ! »

Cet adage est attribué à saint Augustin. La prière liturgique fait une large place au chant choral, parfois accompagné à l'orgue. Le chant fait appel au corps tout entier qui participe ainsi à la prière. Ce n'est pas que l'intellect, mais bien toute la personne qui s'adresse à Dieu dans la prière.

Le beau

La liturgie doit être belle, à la fois sobre et déployée, grâce aux vêtements, aux fleurs, aux cierges, à l'encens… Dieu est Vrai, il est Bon, il est aussi le Beau et la source de toute beauté véritable.

3.

4.

1.

Un choix prioritaire : vivre en communauté

1.
Allée des tilleuls.

2.
Saint Norbert « équipé » par les anges.
XVIIe siècle, archives de Mondaye.

La caractéristique de la vocation prémontrée est le désir de chercher Dieu et de le servir non pas seul, mais en communauté. La recherche de l'unité dans l'amour fraternel est notre première vocation, notre première mission. Nous cherchons ainsi à obéir à la parole du Christ : *C'est à l'amour que vous aurez les uns pour les autres que tous vous reconnaîtront pour mes disciples* (Jean, 13, 35).

La vie commune exige un apprentissage long et parfois difficile, même si elle est aussi source de joie et d'épanouissement. C'est pourquoi l'intégration dans la communauté est progressive. Après un temps de discernement qui dure parfois plusieurs années, celui qui postule pour cette vie entre dans la communauté et devient novice. Pendant deux ans, sous la conduite plus particulière d'un frère, le maître des novices, il s'initie à la vie religieuse, à la vie en communauté. Au terme de ces deux ans, s'il persévère dans son choix et si la communauté est d'accord, le novice s'engage pour trois ans. Il est alors « jeune frère ». Au terme de ces trois ans, il pourra prononcer son engagement définitif. La vie religieuse consiste à suivre le Christ de manière radicale et implique plusieurs choix : l'obéissance au supérieur, le père abbé, pour la conduite de sa vie personnelle, la pauvreté en mettant en commun tous ses biens, et la chasteté dans le célibat consacré à Dieu.

2.

4.

3.
La récréation, moment de joie et de détente.

4.
Avant tout, frères très chers aimons Dieu, aimons le prochain, prologue de la règle de saint Augustin.

Le chapitre

Chaque jour, durant une demi-heure, la communauté se retrouve pour écouter d'abord un « chapitre » de la règle de saint Augustin. Ensuite, ce temps de rencontre permet à chacun de donner des nouvelles de ses multiples activités quotidiennes, et d'organiser ensemble la vie de la communauté, sous la conduite du père abbé.

Silence et parole

Les deux sont nécessaires pour vivre ensemble dans le respect mutuel et pour écouter l'autre, Dieu ou son frère. Des temps (les repas, la nuit) et des lieux (le cloître, les cellules, la sacristie…) sont offerts au silence. D'autres moments et d'autres endroits (vaisselle, temps de récréation, salle de communauté…) sont prévus pour l'échange de la parole.

3.

Récréation

La communauté se construit dans la prière et le travail, mais aussi dans la joie et le repos. Des temps privilégiés sont consacrés à une rencontre gratuite entre nous, pour se détendre ensemble. Il s'agit des « récréations ». Le mot invite à garder toute sa vie un cœur d'enfant. C'est aussi un temps de re-création, un temps pour se refaire, et reprendre souffle.

1.

Une vie au rythme des heures et des jours

L'être humain a besoin de rythme pour aller son chemin sans s'épuiser en route. La vie quotidienne prémontrée suit le mouvement structurant et bienfaisant de la prière, du travail et de la vie fraternelle. La prière nous réunit cinq fois par jour pour célébrer Dieu, faire monter nos demandes vers lui, et reconnaître son amour qui nous a été révélé par son Fils bien-aimé Jésus-Christ, dans le feu de son Esprit.

Le travail nous conduit dans de multiples activités et relations humaines, soit au sein de la communauté soit à l'extérieur. A l'abbaye même, les activités principales sont la conduite de la communauté, la formation et l'accompagnement des frères, la gestion de la maison, l'étude, l'accueil des hôtes. A l'extérieur, de multiples missions nous appellent : paroisses, aumôneries, enseignement, activité professionnelle… qui nous font sillonner un vaste territoire, autour de l'abbaye, mais parfois bien au-delà, en France ou à l'étranger.

Horaires d'une journée

Lever : 6 h 30
Laudes : 7 h
Petit déjeuner : 7 h 30
Lectio divina et prière personnelle
Travail
Messe : 12 h
Déjeuner : 12 h 55
Vaisselle puis récréation
Office du milieu du jour : 14 h
Travail
Vêpres : 18 h 30
Dîner : 19 h
Chapitre : 20 h
Vigiles : 20 h 30
Travail puis coucher.

2.

La vie communautaire est le ciment qui nous unit ensemble dans la recherche du même Dieu, le service du même Seigneur. Les repas pris ensemble, les temps de détente et chaque jour une rencontre communautaire, le chapitre, permettent aussi de construire cette vie à plusieurs, dans le partage de nos joies et de nos peines, ainsi que de celles des multiples personnes rencontrées jour après jour.

Lectio divina

« Lecture divine ». C'est un temps quotidien personnel, d'une heure environ, de lecture de la Bible, page après page, puis de méditation et de prière à partir de la Bible. Cette lecture conduit à la contemplation silencieuse et amoureuse de Dieu qui se révèle à nous dans le Christ. Et c'est lui, le Christ, dont parle toute l'Ecriture.

Le blanc

L'ordre de Prémontré est un *ordo candidus*, un ordre religieux habillé en blanc, comme ses contemporains, les chartreux et les cisterciens. Pourquoi le blanc ? En signe de pauvreté, l'habit était fait de laine non teinte, par opposition aux bénédictins vêtus de laine teinte en noir. En signe de joie : dans l'Evangile, les messagers qui annoncent la résurrection du Christ sont revêtus de vêtements éblouissants (Luc, 24, 4).

3.

4.

1.
Lectio divina.

2.
Oraison.

3.
Petit déjeuner communautaire baigné de la lumière du soleil levant.

4.
L'eucharistie, source et sommet de notre vie.

1.

2.

Vivre en mission

Parmi bien des missions confiées à notre abbaye, du fait de notre vie de chanoines réguliers de Prémontré, il y a le ministère apostolique, au service des paroisses.

Au XIIIe siècle, au tout début de l'histoire de Mondaye, furent confiés à l'abbaye trois villages (alors paroisses). Aujourd'hui, ce sont plus de quatre-vingts villages qui bénéficient directement des soins pastoraux de quatre frères, en cette région du Bessin.

La mission pastorale nous est confiée par chaque évêque des diocèses où nous sommes implantés, les quatre prieurés dépendant de Mondaye desservent encore soixante-dix autres villages.

Comment penser et accomplir aujourd'hui notre mission auprès des communautés chrétiennes vers lesquelles nous sommes envoyés ? Certainement en mettant en œuvre et en favorisant l'application de notre expérience de vie communautaire religieuse. C'est à partir de la communauté de Mondaye, lieu de notre vie quotidienne, que nous sommes envoyés vers des communautés paroissiales, qui attendent que nous partagions avec elles notre expérience et notre manière de vivre l'Evangile aujourd'hui. Notre vie canoniale se voudrait école d'Evangile pour notre temps, lieu d'expérimentation et de partage d'un mode de vie à la suite du Christ.

1.
Moment de détente fraternelle, un ressourcement pour repartir en mission.

2.
Ministère apostolique auprès des plus jeunes.

3.
Les servants d'autels : une école d'apprentissage de la liturgie.

4.
Oser se retrouver pour célébrer ensemble.

Mondaye est école de prière, pour que les communautés chrétiennes osent se retrouver pour vivre, elles aussi, de la prière et de la méditation de la Parole de Dieu.

Mondaye est école de vie fraternelle, pour que les chrétiens apprennent, avec la richesse de leurs différences, à vivre avec d'autres dans le partage et l'action missionnaire commune.

Mondaye est école de ressourcement et de formation, pour que tous puissent venir puiser pour leur vie personnelle leur engagement au service des autres.

Sur chaque paroisse nouvelle, des équipes pastorales, composées de laïcs, de prêtres, de diacres, de religieuses, ont l'ambition de vouloir mettre en œuvre des actions pastorales concertées, de réfléchir ensemble sur la mission à vivre.

De nouvelles formes de rassemblements dominicaux se mettent en place. Des temps forts, mensuels ou trimestriels, rassemblent enfants, jeunes et adultes, pour des temps de catéchèse, d'approfondissement de la foi, précédant le temps de célébration de l'Eucharistie.

4.

3.

Une hôtellerie pour partager notre vie

Reconnaissez l'efficacité de l'hospitalité, car c'est par elle que plusieurs sont arrivés jusqu'à Dieu , écrivait saint Augustin dans l'un de ses sermons.

Comme tout monastère, l'abbaye possède une hôtellerie qui accueille de nombreux hôtes, au long de l'année.

Une structure – d'une cinquantaine de lits – est adaptée à des groupes de jeunes qui viennent pour un temps de récollection ou de retraite.

Récemment, des travaux ont été faits dans une dépendance de la ferme afin d'aménager un lieu d'accueil (vingt-cinq chambres), confortable et destiné à des retraitants adultes, qu'ils soient seuls ou en groupe. Dans ces bâtiments du XVIIIe siècle, chacun bénéficie d'une chambre. Deux grandes salles de réunion peuvent accueillir au moins cinquante personnes.

L'hôte, qu'il soit à la recherche de Dieu, retraitant ou simple touriste, possède en lui un caractère sacré. Il est important qu'en étant accueilli à l'abbaye, il puisse s'ouvrir à une dimension spirituelle. Accueillir, ce n'est pas seulement ouvrir sa porte et sa maison à un hôte : c'est lui donner de l'espace dans son cœur, pour qu'il puisse exister et grandir ; un espace où il se sait accepté comme il est, avec ses blessures et ses dons. Cela suppose qu'existe dans notre cœur un lieu silencieux et paisible où l'autre peut trouver le repos. En partageant

1.

2.

3.

4.

notre vie liturgique, en recevant à notre table, en donnant de notre temps… ceux que nous accueillons ne sont plus des étrangers, mais bien des hôtes.

Si l'hospitalité signifie recevoir, elle signifie aussi donner ! Elle suppose un échange et tend à la communion : elle est un effort pour ouvrir ce qui est clos, élargir ce qui est étroit, rétablir la communication entre les hommes, si bien que la vie du Christ peut circuler.

1.
Tout hôte possède en lui un caractère sacré.

2.
Prédication d'une retraite à l'hôtellerie.

3.
Ferme du XVIIIe siècle.

4.
Procession.

Hospitalité et mission

Des sessions sont organisées par la communauté : pour des familles – avant Noël et l'été –, pour les jeunes, pour les couples qui se préparent au mariage ou qui, déjà mariés, veulent bénéficier d'une halte l'espace d'un week-end.

Les sessions de musique et de chant, l'initiation à l'enluminure, à l'iconographie, à l'art floral sont autant d'occasions de saisir que le Beau est aussi un lieu de rencontre et de communion.

L'hôtellerie remplira sa vocation première, en accueillant ceux et celles qui désirent partager dans la discrétion et le silence ce qui habite le secret du cœur de chacun des frères de la communauté.

Les autres visages de l'abbaye

Un monastère, bien sûr, ce sont des bâtiments, mais c'est d'abord une communauté, une Église faite de pierres vivantes. Au cours des cinquante dernières années, Mondaye a pris aussi le visage de différents prieurés. Dans chacun d'eux une petite communauté de trois à huit frères, sous la responsabilité d'un prieur, mène la vie fraternelle, assure le service de la prière chorale, assume des ministères variés au service de l'Eglise locale, et accueille des hôtes désireux de partager leur vie.

A **Laloubère**, près de Tarbes, une communauté composée de frères originaires du Béarn a trouvé son lieu d'enracinement. Le nom de Notre-Dame-des-Neiges évoque les cimes enneigées des Pyrénées, vues à l'horizon. La proximité de Lourdes permet d'accueillir des pèlerins à l'hôtellerie.

1.
Sainte-Anne de Bonlieu, dans la Drôme.
Archives de Mondaye

2.
Le visage complet de la communauté
Archives de Mondaye

3.
Abbatiale Sainte-Foy de Conques dans l'Aveyron.
Photo Yvon Boëlle

4.
Reliquaire de sainte Foy, XIIe siècle.
Photo Yvon Boëlle

5.
Les bâtiments d'accueil abritent chaque jour de nombreux pèlerins.
Photo Yvon Boëlle

1.

2.

3.

4.

A **Conques**, dans ce lieu médiéval prestigieux, des Prémontrés vivent depuis la fin du XIXe siècle : d'abord, des frères de l'abbaye de Frigolet, et à partir de 1993, des frères de Mondaye. Gardiens des reliques de sainte Foy, ils accueillent surtout les très nombreux pèlerins du chemin de saint Jacques ainsi que les visiteurs dans leur très belle hôtellerie : l'Accueil Sainte-Foy.

Près de Montélimar, dans la plaine ensoleillée de la Drôme provençale, se dresse l'ancien monastère cistercien de **Bonlieu-sur-Roubion** : une communauté de sœurs prémontrées y a vécu depuis 1871. En 1995, quelques frères ont rejoint les dernières sœurs âgées qui y demeuraient encore. Bonlieu est le centre actif d'une communauté paroissiale dynamique.

Au-delà des Alpes, dans le diocèse de Novare, à **Miasino**, un essaim de frères italiens a voulu ranimer l'idéal prémontré disparu en Italie depuis le Moyen Age. Un noviciat en langue italienne s'y est récemment ouvert : ce qui prouve le dynamisme de cette jeune communauté, très insérée dans le tissu ecclésial local.

Ainsi, les frères de Mondaye essaient-ils de vivre en chacun de ces lieux, en fils de saint Norbert, cet idéal de la vie « mixte », qui allie et renforce l'une par l'autre, action et contemplation.

5.

Un projet pour le XXIe siècle !

Mais un projet bien enraciné dans le passé ! En effet, en 2007, notre communauté des Prémontrés de Mondaye a eu la magnifique opportunité de racheter les bâtiments de l'ancienne ferme de l'abbaye grâce à la contribution généreuse de très nombreux donateurs.

Le 29 avril 1791, après l'expulsion des religieux, présents depuis le début du XIIIe siècle, les bâtiments et les terres furent lotis et vendus comme biens nationaux. Au début du XXe siècle, la ferme fut rachetée par la famille Lesage, qui l'exploita pendant plusieurs générations d'agriculteurs et d'éleveurs à la compétence reconnue ; ils furent aussi des amis dévoués de la communauté.

2.

1.

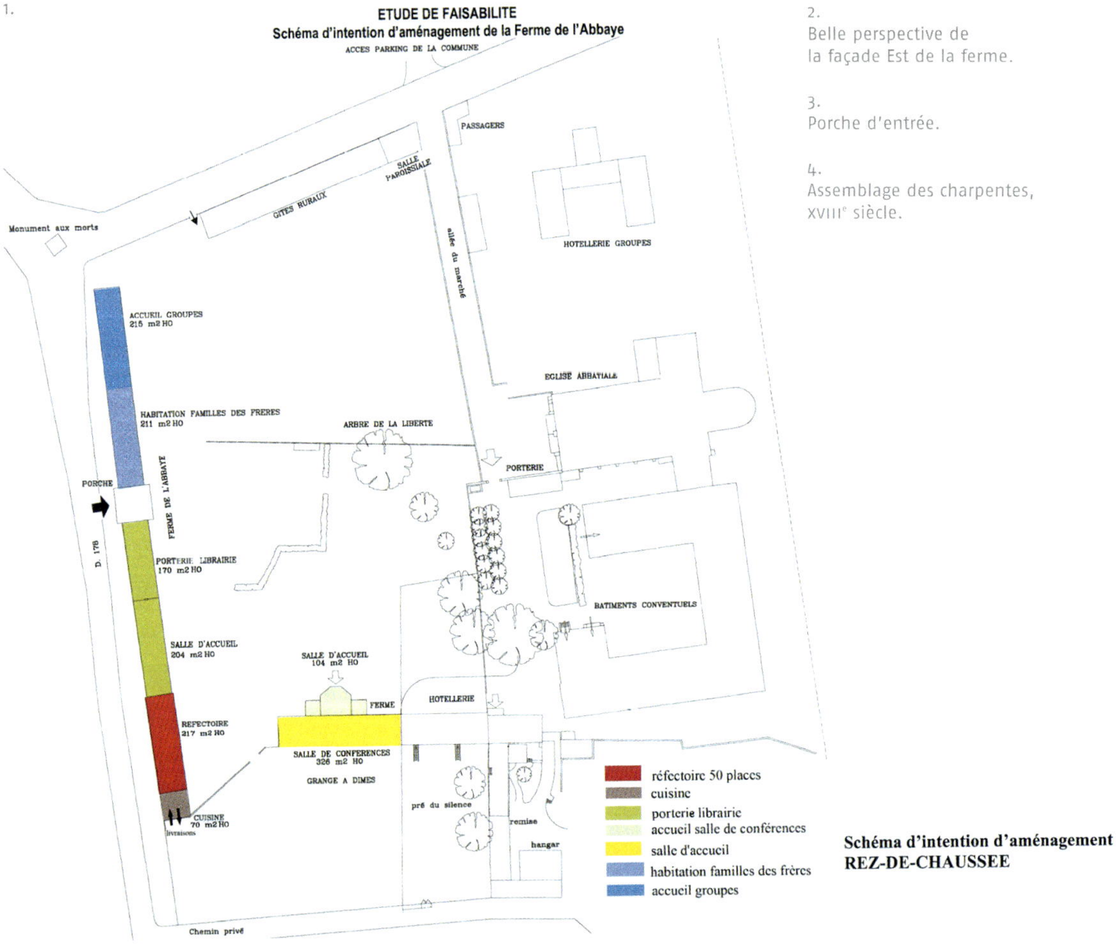

1.
Le temps des projets.

2.
Belle perspective de
la façade Est de la ferme.

3.
Porche d'entrée.

4.
Assemblage des charpentes,
XVIIIe siècle.

3.

Ce magnifique ensemble de bâtiments, construit au XVIIIe siècle, enserre une cour de plus d'un hectare : cette cour sera propice à la méditation des hôtes qui pourront contempler l'abbatiale bâtie un peu plus haut sur la pente de cette colline du mont d'Aë. La partie la plus remarquable est sans aucun doute le porche, terminé en 1741 ; ses grandes portes sont dans l'axe du portail de l'église abbatiale ; c'est l'entrée naturelle de l'abbaye, maintenant détournée par les murs construits il y a plus de deux siècles.

On a encore, dans le journal de l'abbé Reusse (1739-1743), des renseignements précis concernant la carrière et les bancs de pierre qui ont servi pour les corniches et les lucarnes des greniers ainsi que pour les auges des étables et des écuries : ces bâtiments, au-delà de leur utilité, témoignent d'un véritable souci esthétique.

L'immense grange laisse découvrir une charpente tout à fait impressionnante.

Ce vaste espace bâti sera peu à peu aménagé pour l'accueil des hôtes. Les greniers pourront être transformés en chambres. Une salle d'exposition, une porterie avec magasin, une chapelle, un réfectoire et des salles de réunions trouveront place dans ce qui était autrefois réservé aux activités agricoles. Quant à la grange : la musique, les arts plastiques pourraient investir cet espace, après des aménagements conséquents.

Les projets ne manquent donc pas ! Et la communauté fait appel aux donateurs [1] pour les mener progressivement à bien. Merci de votre aide !

4.

[1] Un reçu ouvrant droit à déduction fiscale peut être délivré si les chèques sont libellés à l'ordre de : « Fondation des monastères ».

Informations pratiques

Abbaye Saint-Martin de Mondaye
14250 Juaye-Mondaye
Tél. 02 31 92 58 11 - Fax : 02 31 92 08 05
Site Internet : http://www.mondaye.com

Visites guidées de l'abbaye (sous réserves) :
Dimanche : 15 h et 17 h du 1er mai au 30 septembre ; 15 h et 16 h du 1er octobre au 30 avril
Pour les groupes : sur rendez-vous auprès du frère hôtelier
Tarifs : 5 euros et 3 euros (jeunes et groupes), gratuit pour les moins de 12 ans

Horaires des offices
Laudes
Semaine : 7 h et 7 h 30 (samedi et vacances scolaires académie de Caen)
Dimanche : 7 h 30

Messe
Semaine : 12 h
Dimanche : 11 h

Milieu du jour
Semaine : 14 h

Vêpres
Semaine : 18 h 30
Dimanche : 17 h et 18 h (du 1er mai au 30 septembre)

Office des lectures
Semaine : 20 h 30 et 20 h le vendredi

Complies
Dimanche : 20 h

Abonnement à la revue de la communauté :
Le Courrier de Mondaye
courrier.de.mondaye@mondaye.com

Association musicale et programmes des concerts
concerts@mondaye.com

Editeur : Henri Bancaud
Coordination éditoriale : Caroline Brou
Conception graphique et mise en pages : attitude.graphique Rostrenen (22)
Photogravure : Micro Lynx, Rennes (35)
Cartographie : Patrick Mérienne
Impression : Pollina à Luçon (85)-L43533
N° d'éditeur : 5515.01.04.07.07
I.S.B.N. 978-2-7373-4332-2
Dépôt légal : juillet 2007
Imprimé en France
www.editionsouestfrance.fr

1.

1.
Armes du Père Abbé : Ecartelé au un d'azur à la foi d'argent, aux deux et trois d'or au lion rampant de sable, denté, oreillé et allumé d'argent, armé et lampassé de gueules, au quatre d'azur au globe cerclé et surmonté d'une croix d'argent, habillé d'une mitre de face à dextre et d'une crosse tournée en dedans dont la hampe est passée en sautoir sous l'écu à senestre, à la devise Da quod iubes et iube quod vis.

2.
Un soir d'été les bâtiments vus d'une montgolfière…
Archives de Mondaye